NOUVELLE MÉTHODE

DE LECTURE

A L'USAGE DES ÉCOLES

DIRIGÉES PAR LES FRÈRES

DE L'INSTRUCTION CHRÉTIENNE DE St GABRIEL

PAR F. M. S. B.

SEPTIÈME ÉDITION.

POITIERS

HENRI OUDIN, LIBRAIRE-ÉDITEUR,

RUE DE L'ÉPERON, 4.

1864

NOUVELLE MÉTHODE

DE LECTURE

A L'USAGE DES ÉCOLES

DIRIGÉES PAR LES FRÈRES

DE L'INSTRUCTION CHRÉTIENNE DE St GABRIEL

PAR F. M. S. B.

—

SEPTIÈME ÉDITION.

POITIERS

HENRI OUDIN, LIBRAIRE-ÉDITEUR,

RUE DE L'ÉPERON, 4.

1864

X

19675

NOUVELLE MÉTHODE

DE LECTURE

A L'USAGE DES ÉCOLES

DIRIGÉES PAR LES FRÈRES

DE L'INSTRUCTION CHRÉTIENNE DE St GABRIEL

Par F. M. S. B.

—

SEPTIÈME ÉDITION

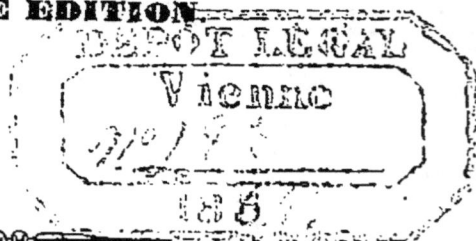

POITIERS

HENRI OUDIN, LIBRAIRE-ÉDITEUR

RUE DE L'ÉPERON, 4,

1864

(1094)

(PROPRIÉTÉ.)

Poitiers, typographie et stéréotypie OUDIN.

NOUVELLE MÉTHODE

DE LECTURE.

—

EXPLICATION.

Prononcez les consonnes : *be, pe, de, te, ve, fe*, *xe, ze, se, le, je, me, ne, re, he* consonne.

Excepté *g* qui se prononce comme la dernière syllabe de lan*gue* : ¹ *c*, ² *k*, ³ *q*, comme la dernière syllabe de pi*que*.

Remarquez que le ³ *g*, est toujours suivi de *u* et devrait se représenter *qu*, que l'on prononcerait *que*.

b. p. f. m. v. labiales, c'est-à-dire qu'elles se prononcent à l'aide des lèvres. — *d. t. l. n. r.* linguales, c'est-à-dire qu'elles se prononcent à l'aide de la langue. —¹ *c.* ²*k.* ³*q. g.* gutturales, c'est-à-dire qu'elles se prononcent du gosier. — *j. s. z. ch. x.* sifflantes, c'est-à-dire qu'en les prononçant elles produisent une espèce de sifflement.

D'après cela, je suppose que l'enfant qui commence à former des sons sur le premier tableau, trouve *b.. a, d.. i, g.. o, s.. u*, je lui dis : 1° Placez vos lèvres pour prononcer *b*, et poussez votre respiration sur *a*, vous aurez *ba*; 2° Placez votre langue pour prononcer *d*, et laissez-la tomber sur *i*, vous aurez *di*; 3° Soyez prêt à prononcer *g*, et poussez sur *o*, vous aurez *go*; 4° Soyez prêt à prononcer *s*, et poussez votre respiration sur *u*, vous aurez *su*, etc.

Cette nouvelle méthode de lecture a pour base fondamentale de faire prononcer, aux élèves, les *sons* et les *articulations* en lisant, comme ils les prononcent en conversant. Par là on voit qu'elle est basée sur la nature du langage même. Elle est si naturelle, que si un élève est embarrassé pour trouver les éléments qui composent un mot, on le lui fera prononcer, et malgré lui il faudra qu'il articule, l'un après l'autre, les divers éléments dont il est formé.

Par exemple, dans le mot *fleur*, si l'élève ne peut trouver les éléments dont ce monosyllabe est formé, on lui demande : Quel est le premier mouvement ou la première articulation que vous faites pour prononcer *fleur*? n'est-ce pas *fl*? Eh bien! ajoutez *eur* et vous aurez les deux éléments qui composent le mot en question.

Lire, c'est parler l'écriture, c'est-à-dire exprimer par des sons et des articulations les signes du langage. Or, pour parler l'écriture, il faut en connaître les signes qui sont ce que nous appelons éléments.

Les éléments sont de trois sortes :
1° Éléments voyelles.
2° Éléments consonnes.
3° Éléments mixtes.

1° Les premiers sont simples ou composés, c'est-à-dire que tantôt c'est une seule voyelle qui forme un élément, comme, par exemple, *u* dans le mot *une* ; et d'autres fois une voyelle composée comme *au* dans *aune*.

2° De même les éléments consonnes sont simples ou composés. Simples quand il n'y a qu'une seule consonne ; et composés lorsqu'il y en a deux ou plus combinés ensemble pour former une même articulation.

3° Les éléments mixtes sont ceux qui sont formés par la réunion des deux précédents, soit simples, comme *ac* ; soit composés, comme *eur*.

Ne faites pas épeler les sons et articulations *ch*, *ph*, *gn*, *ill*, *ll*, *an*, *am*, *en*, *em*, *on*, *om*, *in*, *aim*, *ain*, *ein*, *im*, *un*, *um*, *oin*, *au*, *ou*, *oi*, *ai*, *ei*, *œu*.

Il faut que l'élève les apprenne comme il a appris les lettres simples *b*, *p*, *d*, *a*, *o*, etc.

A quoi bon faire épeler des sons et des articulations, quand, par cette épellation, on n'arrive à aucun bon résultat.

Les mots sont composés de syllabes. Les syllabes sont donc la base de la lecture : en effet, nous ne lisons, nous ne parlons que par syllabe.

Toute syllabe qui commence par une ou plusieurs consonnes a deux parties ou éléments. La première partie est toujours à gauche de la première voyelle et se nomme élément consonne. La deuxième partie sera un élément voyelle, ou mixte. Exemple : *Bondir, phrase.*

Les éléments ne se divisent pas, mais se prononcent en un seul temps, comme une seule lettre : et on les apprendra ainsi aux élèves.

Si le maître veut que ses élèves fassent des progrès, il faut qu'il s'applique lui-même à bien comprendre cette Méthode avant de l'enseigner, et qu'il ne néglige pas de faire les questions qui se trouvent sur chaque tableau.

C'est en vain que les Instituteurs ont entre les mains de bonnes méthodes de lecture, s'ils ne savent pas en faire l'application.

1er TABLEAU.

a, o, u, e, i, y.

ami, ode, butin, mode, midi, lypy.

â, ô, û, ê, î, é, è.

âne, pôle, flûte, fête, gîte, café, père.

a, o, u, e, i, y.

A, O, U, E, I, Y.

b. p. d. t. v. f. g.

¹c. ²k. ³q. x. z. s. l.

j. m. n. r... h... d.

b. q. p. j. f. u. n.

p. b. q. d.

A. B. C. D. E. F.

G. H. I. J. K. L.

M. N. O. P. Q. R.

S. T. U. V. X. Y. Z.

a. b. c. d. e. f. g.

h. i. j. k. l. m. n.

o. p. q. r. s. t. u.

v. x. y. z.. n. u.

p. q.. qu, prononcez que.

1°   a e é ée è ê

b. Ba be bé bée bè bê

     i o u y â ô

bi bo bu by bâ bô

c. Ca..... co cu câ cô

d. Da dé dée dê de dè
do di dy du dô dâ

f. Fo fa fê fi fe fé fée
fu fy fô fè fâ

g. Gâ... go gu gô gâ

h. Ha he hé hée hè hê
hi ho hu hâ hô

j. Je ji jê ja jé jo jè
jô ju jâ

k. Ka ké kê ke kè ko
ku ky ki kâ kô

l.   Lo le la lè li lé lée
      lu lê ly lô lâ

m.   Me mi mè ma mé
      mée mo mê mu my
      mâ mô

2° A be, a ga, a mi,
Bâ le, bé gu, bi le, ca fé,
co be, co de, cu be, dé jà,
de mi, é cu, fa de, fi le,
fu mée, ga de, ga le, hâ le,
ja co, ja le, ju bé, ka li,
ki lo, la me, li me, lo be,
ma ja, mâ ki, mâ le,
mê lée, mi di, mo de, mu-
le, â me, râ le, bu de, cô-
ma, dé fi, dô me, é lu,

pi le, ju le, a bée, ba li,
bé ni, bi be, bo me, ca di,
ca le, da me, de là, dî me,
è be, fâ me, fê le, ga la,
ga lé, ha be, hi le, i de,
î le, ja de, Li ma, Mè de,
mi ca.

3°   a   e   é   ée   è   ê

n.   Na ne né née nè nê

     i   o   u   y   â   ô

     ni no nu ny nâ nô

p.   Pa pe pé pée pè pê
     pi po pu py pâ pô

q.   Qua que qué quée
     què quê qui quo quu
     quâ quô

r.　Ro rè ra re ri ré rée
rê ru ry rô râ

s.　Sy se sả sê si sée so
sè su sé sâ sô

t.　Ta tê tè to te ti té tée
tâ tu tô ty

v.　Ve vé vê vè vée va vi
vô vo vu vâ

x.　Xy xa xê xe xée xo
xè xi xé xâ xu xô

z.　Za ze zé zè zê zi zo
zée zu zy zâ zô

4° A ne, a ra, a xe, ba-
ve, bê te, bo ni, bo rée,
bu re, bu tée, ca ne, ca-

que, cô ne, Co rée, cô té, cu ré, cu vée, da te, dî né, du ne, du re, é pi, é té, fa ne, fê te, fè ve, ga re, go ne, hè re, hô te, hu re, i re, ju pe, ju ri, la que, la ve, lè ve, li xe, lo to, lu ne, ly re, ma rée, ma ri, me née, mè re, mi ne, mi re, mi te, mû re, no te, nu que, fé tu, hu ne, i no, o de, o ve, pa le, pâ le, Pa que.

D. Combien y a-t-il de voyelles ? R. : 6. *a, o, u, e, i, y.*

Montrez *p, q, j, f, n, d, u, l, b,* etc.....

Dès que les enfants sauront épeler la première leçon, faites-la-leur lire, et faites de même pour toutes les leçons, et ne changez de leçon que quand ils la possèdent.

2ᵉ TABLEAU.

---

ch. ph. gn. ll. ill.

(Ne faites pas épeler ces consonnes.)

Faites prononcer *ch*, comme la dernière syllabe de bû*che*, *ph,* comme dans apostro-*phe*, *gn*,... di*gne*, *ll*, *ill*, fi*lle*, ca*ille*.

1° Che mi née, pha lè-ne, li gne, fi lle, ca ille, ca che, chu te, du ché, gâ che, ga gné, ha che, ja illi, pho que, A dè le, u ne ba bi ne, u ne ca do-

le, da ti ve, l'é pi ne, hu-
mi de, u ne li mi te, la
qua li té, u ne ra pi ne,
sé vè re, la tu li pe, ty-
pi que, u ti le, va li de,
u ne vé ri ne, le vi da me,
u ne vi ro le, vo ca le, la
bi che, u ne bû che, le
co che, fâ ché, fa illi, fi che.

2° Le fi chu, la cha-
ri té, u ne ho che, la hu-
che, ju ché, lâ che, u ne
lê che, u ne lo che, le
chê ne, le pha re, le
pho que, u ne co gnée,

la ka gne, a po de, u ne
a lê ne, l'a pa le, a ri de,
l'a tè le, l'a to me, l'a
zo te, u ne ba vu re, u ne
bé na te, le bi no me,
le bo na na, la ca ma
ra, du ca na ri, ca ni ne,
le ca ra bé, du ca ru de,
la co lè re, le co ni de, le
co ro né, u ne cu ni le, uu e
dé ca de, le dé mê lé,
u ne do di ne, l'é bè ne,
l'é lè ve.

3° U ne fa mi lle, la
fa mi ne, u ne chi mè-

re, la cho pi ne, u ne
bé qui lle, u ne ga dè le,
le pi lo te, le ma la de, la
nu di té, l'o pé ra, i nu-
le, le ju bi lé, le ké ro ne,
le ki na te, ki ni que, la-
bi le, u ne la cu ne, u ne
la pi ne, A ra be, u ne
a rê te, l'a to le, a vi de,
a zu ré, u ne ba di ne, la
ba na ne, ba ta ve, u ne
bé cu ne, la bé go ne, le
bé lu ca, u ne bi co que,
bi lo bé, le bi tu me, u ne
bo bi ne, le bu ba le, le
bu li me, u ne ca ba le,

la ca ba ne, le ca la ba, u ne ca la de, le ca na de, le ca na pé.

4° Le ca ni de, u ne ca pa de, u ne ca po te, u ne ca ra fe, le ca rê me, u ne ca va le, la ca vi té, le co lu re, u ne co mè te, le co mi té, co ni que, la co no be, u ne co ri ne, la co tu le, u ne cu bè be, cu pi de, cu ru le, dé bi le, dé chi ré, le dé fi lé, le dé pu té, dé ra té, le dé ri vé, dé ro bé, u ne di gni té,

le do mi no, la do ru re,
la du re té, le dy ti que,
l'é co le, l'é cu me, l'é li te,
l'é mu le, l'é phè be, l'é-
pu re, l'é ta pe, l'é to le,
l'é vê que, u ne fa cu le,
la fa ri ne, le fé dé ré, le
fi dè le, u ne fi xi té, u ne
ga ba re, u ne ga lè re,
ha bi le, u ne hé mi ne.

5° I gno ré, l'é mu le,
u ne ja chè re, le lé vi te,
le li gni te, le li bé ra, le
li pa re, la lu xu re, u ne
ly co pe, u ne ma do ne,

la ma xi me, le mé lè ze,
le mé ri te, u ne mi nu te,
la mo lè ne, u ne mu rè-
ne, u ne my ga le, la na
tu re, l'o li ve, o pa que,
la ba na ne, u ne bo di-
ne, le ca na de, la ca ni ca,
le ca ra be, le co bi te, le
cu cu je, u ne cu pu-
le, le cu ra re, le Da nu-
be, le dé ca di, u ne
do ra de, l'é di le, l'é po-
de, l'é ti re, l'é tu de, la
fa go ne, le fa vo ri, la ga-
lè ne, u ne gu mè ne, hé-
bé té, la bi le, mi ni me.

3e TABLEAU.

bl. [cl. chl*.] [fl. phl.] gl. pl. br. [cr. chr.] [fr. phr.] gr. pr. dr. tr. vr.

1° Bla ble bli blo blu blé blè blâ blê bly blô.

Clé cla cle cli clè clu clê clo clô cly clâ.

Chla chle chlâ chlo chlu chly chlé chlê.

*La lettre *h* est nulle dans *ch*, toutes les fois qu'elle est suivie d'une consonne : *chl* èt *chr*, se prononcent *cle, cre*.

Fla flê fli fle flè flo flé flu flâ fly flô.

Phlé phlê phlo phli phlu phra phre phré phry.

Gla gle gli glé glê glè glo gly glu glô glâ.

Ple plè pla plé plê plo pli ply plu plâ plô.

Bra bre bré brè brê bri bro bru brâ bry.

2° Blâ ma ble, cla-ri ne, chla my dè, flo-ra le, phlé bo to me, gla ne, pla ti ne, bra-

va de, phry ga ne, le pi-
ra be, u ne pi lu le, le
pi ra te, u ne py ro le, u ne
po du re, u ne po pi ne,
la pu re té, u ne py ra le,
la py ri te, le qui no la,
u ne quo ti té, la ra fa le,
u ne ra mu re, la ra ni ne,
u ne ra nu le, ra pi de, la
râ pu re, u ne ra re té, la
ra ti ne, u ne ra tu re,
u ne ra vi ne, u ne re-
di te, la ré du ve, le ré fé-
ré, le ré gu le, le re le vé,
le re mè de, le ré mé-
ré, u ne ré mo le, u ne

re quê te, le dé te nu, la
ré ti ne, le re ve nu, ré-
vo lu, la ri po pée, la ri-
vu re.

3° Cre crè cra cré cri
crê crô cry crâ cru cro.

Chra chré chre chri
chrè chro chrê chrâ chry
chru.

Fro frê fra fre fri fré
fru frè frô fry frâ.

Gra grè gre gri grê gro
gré grâ gru gry grô.

Pra pré pre pri prè
prê pro prâ pru prô pry.

Dra drè dri drê dré dro dre drô dru dry drâ.

Tro tre trê tra tré tri trè trô try trâ tru.

Vra vre vré vrè vrê vri vro vru vry vrâ vrô.

4° Cra va te, fré ga te, pra li ne, dra co ni te, tra-chi ne, che vro té, gre-na de, gry phi te, phré-ni que, u ne ro tu le, la ro tu re, le ry ti ne, la sa bi ne, la sa le té, u ne sa li ne, la sa li ve, la sa-lu re, la sa ma re, in ha-

bi té, le sa me di, u ne
sa pi ne, u ne clo che, la
sa ti re, u ne sa va ne,
chlo ra te, le sé ba te, u ne
sé bi le, la se mi te, le sé-
ne vé, fla mi ne, le Si lè-
ne, phlé bi te, la si li-
que, le si na pi, glè be,
le so li de, u ne plé tho re,
u ne so li ve, u ne so-
na te, u ne brè che, su-
bi te, sa tu ré, u ne cré a-
tu re, ta bi de, le ta pi ti,
frê le, le ta ra re.

5° Timide, une tipu-
le, la tomate, le topi-

que, tubulé, l'unité, l'urane, utile, valide, la vénule, une vérine, une vêture, le vi da- me, le vidamé, une vigoline, la vileté, une vinule, une virole, vi- rolé, vitale, vocale, une volute, le zygoma, u- nique, ume thonine, une baladine, une gra- vure, l'aridité, une ba- lanite, prédicable, bé- névole, une bodinure, dramatique, le grade, botanique, une calamité, une tribune, le calicule, caliculé, trébuché, le calorique, la vrille, le camarade, la camarine, la tribale, la caméline, la canicule, canonique.

D. Quand deux voyelles ne sont séparées que par une consonne, à laquelle appartient cette consonne ?

R. *A la voyelle suivante....* *Ex..., A-ma-bi-li-té.*

D. Quelles sont les consonnes qui se prononcent ordinairement à la fin des mots ?

R. *c, f, l, m, n, r.*

4ᵉ TABLEAU.

Ab. ob. ub. ac. oc. uc. ec. ic. ad. ud. uf. ef. if. eg. ig. al. ol. ul. el. il. ap. op. ep. ip. ar. or. ur. er. ir. as. os. us. es. is. at. ex. ix.

er, as, os, us, es, is, at, etc., se prononcent *ère, asse, osse, usse, esse, isse, ate*, etc., parce que ce sont des syllabes intermédiaires et non finales.

Faites épeler par syllabe : p..a-pa-r..a-ra-d..o-do-x..e-xe, et non pas p..a-pa-r..a-ra-para-d..o-do-parado-x..e-xe paradoxe, d..is-dis-c..or-cor-d..e-de, et non pas d..i..s-dis-c.. o..r-cor-discor-d..e-de discorde.

1° Bac, buc, bec, bud,
bal, bol, bul, bel, bil,
bar, bor, bur, ber, bir,
bas, bos, bus, bes, bis,
pac, pec, pic, pal, pol, pul,
pel, par, por, pur, per,
pir, pas, pos, pus, pes,
pis, dub, dac, doe, duc,
dic, dif, dal, dol, dul,
del, dip, dar, dor, dur,
der, dir, des, dis, dex,
tac, toc, tec, tic, tuf,
tal, tel, til, tar, tor, tur,
ter, tis, tex, vac, vic,
vec, vif, val, vol, vul, vel,
vil, var, vor, ver, vir,

vas, ves, vis, fac, fec, fic,
fal, fol, fil, far, for, fur,
fer, fir, fas, fus, fes.

2° Ab jec te, ob te nir,
ac tif, é toc, ca duc, ar-
gu le, ad jec tif, bref,
fleg me, al ca li, mol,
ul mi ne, bel, sub til,
ap ti tu de, op ti mé, des-
crip tif, or dre, ur ne,
er go té, as pic, hos pi-
ta li té, pus tu le, es cla-
ve, mix te, dis cor de, at-
mos phè re, ex pul sif,
ex ter ne, tel, ma lé fi-

que, ma lé vo le, le ma-
ni pu le, ab ju ré, u ne
ma ri na de, u ne ma te-
lo te, ob jec tif, ma ti nal,
la ma tu ri té, ob sè de,
u ne mé ca ni que, u ne
mé li po ne, l'ac te, u ne
mé ta bo le, mé tho di-
que, l'ac ti vi té, le mi-
né ral, la mi no ri té, u ne
pa ra bo le, la dis pu te,
le dis que, le pa ra do xe,
le pa thé ti que, ex pli-
ca ble, le pé di cu le, le
pé di cu re, mix ti li gne,
le ba ro mè tre.

3° Gal, gar, gas, gor, gus, cal, cap, car, cas, coc, col, cor, cos, cul, cur, cus, ker, quar, quel, ques, zes, zig, zir, zur, sac, sal, sar, sec, sel, sep, sex, ser, sor, sol, sub, suc, sud, sug, sul, sur, jac, jar, jas, jec, jus, lac, lar, las, lec, les, lic, lis, lor, lus, mac, mal, mar, mas, mer, mic, mel, mir, mix, mor, mos, mul, mur, nal, nar, nec, nef, nel, ner, nes, noc, nor, nul, rab, rap, rec, rel, res, ric, ris, roc, ros, rup, rus, char, chas, choc, phar, phos, gnac, gnar, gnol.

4° Oc ta ne, mi ra cu lé, la mo bi li té, u ne mo da li té, l'oc ta ve, u ne mo lé cu le, le mo no po le, le tric trac, le mo no ri me, la mo ra li té, mo no to ne, l'ar me, l'ar tè re, mys ti que, la na ti vi té, né ga ti ve, l'ar ti cle, u ne ni ti du le, no mi na le, ad mi ra tif, la

nu bé cu le, la nu bi li té,
le chef, le tuf, nu mé ra-
le, o bo va le, al pha bé-
ti que, l'o li ve, l'o vi cu-
le, le sol, o vi pa re, l'o-
xa la te, l'ul ve, l'o xa-
li de, o xy du lé, hos ti le,
pa la ta le, u ne pa la ti ne,
le pa li nu re, l'es pla na-
de, bis cor nu, le pa ni-
cu le, le pa no ra ma, u-
ne dis pa ra de, la pa pe-
li ne, le pé di lu ve, bul-
bi for me, u ne pé la mi-
de, u ne pè le ri ne, le
pé ra mè le, le pé ro xi-

de, cal cu la ble, le pi-
mé lo de, l'ar bre.

5e TABLEAU.

[an. am. en. em.] [in.
ain. ein. im. aim.] [un.
um.] oin. [on. om.] am.
ein. un. em. ain. an. in.
on. im. om. um. oin.

J'ai rapproché, autant que possible, les
sons et articulations qui ont les mêmes con-
sonnances, quoique représentés de diffé-
rentes manières.

cl. et chl... fr. et phr... an, et
am, en, em, etc.

1° An co né, an dan te, am ble, am phi bo le, en can, en cre, em blê- me, em pi re, in cul te, in di gne, im por tant, im- bi bé, pain, main, plein, sein, daim, faim, im por- tun, tri bun, hum ble, par fum, loin tain, poin te, oc tan te, oc ta von, ad- joint, fleg mon, al man- di ne, er min, fir man, mir mi don, as pi rant, os ten si ble, os tre lin, us ten si le, es ca dron, es car pin, ex pan sif, aban don, mar mi ton, blon din, a ven tu re, a-mi don, ca pu chon, ca-ram bo le, cha cun, cham-bran le, chan frein, cha-pe lain, che vro tain, con-so le.

2° In si gne, on de, vi-ri li té, bain, vi vi fi que, soin, jeun, gain, vo la-ti le, join tu re, nain, main te nant, zé no ni-que, goin fre, sain foin, zi be li ne, im pu ni té, vain cre, zo pi lo te, im-

pri mé, tain, é tein dre,
fein te, im pos te, dé-
dain, pein dre, im bu,
pein tre, im ber be, tein-
te, en ta illu re, li bé ra-
li té, en ten dre, vo lu-
bi li té, en thy mè me,
a ma bi li té, en tre prendre, ca na co po le, en-
vi ron, ca na li cu lé,
é par gne, ca ra bi na de,
é per lan, ca té go ri que,
é phè dre, ca tu lo ti que,
é phé mè re, co pu la ti-
ve, é pi cu ris me, po-
li ti que, é pi gas tre, cu-

mu la ti ve, é pi gra phe,
cu ra bi li té, é pi lep ti-
que, dé fi ni ti ve, fein te,
fer me té, i té ra ti ve,
fes ton, i nha bi li té, fir-
man, ja ni pa ba, fla con,
ju di ca tu re, fla grant,
la pi di fi que.

3° On cle, on ze, om-
bi lic, om pha lo de, on-
din, in com pa ti ble,
cham bre lan, an gle, am-
bu lant, cham pê tre, an-
gli can, am ple, cham-
pi gnon, an ti que, on-
du lé, on gle, con fé dé ré,

an ti po de, am ple ment,
en grê lu re, con ju gal,
en jam bée, em bru mé,
con tem pla tif, om bre,
in com bus ti ble, con-
trac tu re, in com pa ti-
ble, in con si dé ré, con-
trô le, in dé cli na ble, en-
chan té, en clu me, con-
tro ver se, em plâ tre,
cor ni chon, em plu re,
cram pon, em por té, in-
cré du le, em prun té, in-
di gni té, é taim, coin,
in fâ me, im pu re, in-
fir mi té

4° É pin gle, dé li béra ti ve, é pi pho nè me, dé no mi na ti ve, é pisco pal, dé pu ra ti ve, épis to gra phe, dé vo luti ve, é pi ta phe, dicotylédoné, épithalame, dilatabilité, épithème, diminutive, épithète, dodécagone, épointé, dodécapétalé, équinoxe, dominicale, éraflure, dubitative, escadron, économique, escarpin, épidémique, esclandre, énumérative, esclave, éradicative, espadon, érémitique, espingole, fédérative, estampe, hétérodoxe, étampé, hétérotome, étreindre, iconomaque, exclamatif, imitative, expectatif, inamovibilité, extractive, inégalité, fanfaron, inéquilatère, fantasque, inhabilité, faquin, inhumanité, fécondité, inutilité, festin.

D. Quelles sont les voyelles dures ? R. *a, o, u*.

D. Quelles sont les voyelles douces ? R. *e, é, è, ê, i, y*.

6ᵉ TABLEAU.

sc. scr. sp. spl. sph.
st. str. mn. tl. ct. pn. ps. pt.
sb. sf. scl. sgr. sl. sm. sq.
sv. sh [1].

au. ou. oi. [ai. [2] ei.]
[eu. œu.] aü. oü. oï. oë.
aï. éi. éu. ua. uo. io. ui.
ia. ie. ue. ail. ouil. eil. (eu il.
œil.) air. our. oir. eur.

[1] Prononcez *che*.
[2] *ai, ei*, se prononcent *è*, excepté quand
ai finit un mot précédé de *j'* ou de *je*, alors
il se prononce *é*, j'aimai, je chanterai, prononcez *j'èmé, je chanteré.*

aul. oul. oil. eul. auf. oif. euf. aug.

1° Scan da le, sco lai-re, scru tin, spa di lle, spec tre, splen di de, sphè re, stat mei stre, mné mo ni que, A tlan-ti que, bau me, pou pon, poi gnard, lai ne, pei gne, peu ple, œu vre, No ël, Sa ül, hé ro ï que, o bé ir, ré u nir, ha ïr, em bou-chu re, em py reu me, en cau me, sa po ri fi-que, en che vau chu re, en chaî nant, sé cu la ri-

2*

té, en glou tir, en sei gne,
en si for me, si mi li tu-
de, en traî nant, é pi sto-
lai re, é pou van te, so li-
da ri té, es car mou che,
é tou pin, eu phor be,
é ven tai re, so po ri fè-
re, fac tu re, far lou ze,
fau con, in du bi ta ble,
mé tho de, in fa man te,
meu ble, in fer nal, tlhas pi,
bail, fe nouil, con seil,
cer feuil.

2° Mi li tant, i nhu-
main, mi nis tè re, in-
scru ta ble, mi nus cu le,

in si gne, mir mi don,
in so lu ble, mi ro ton,
in spi ré, Mi thri da te,
in stan ta né, mi tra ille,
in struc tif, mo des te,
in stru men ta le, mo di-
llon, in sul te, moin dre,
in té gran te, dal ma ti-
que, in tem pé rant, ma-
man, in ten dant, mo nar-
chi que, in ter cos tal,
mo nas tè re, in ter li gne,
mon dain, in ter pré ta tif,
mon stre, in tes tin, mo-
ra illon, in to lé rant,
mor dant, in tré pi de,

mo ri bond, in tri gant,
mor fon dre, in tro duc tif,
mou che ron, in vec ti ve,
mou illé, in ven tai re,
mou lin, in vi ta toi re,
mou rant, in vo lon tai re,
mou tar de, ja bloi re,
pair, pour, noir, poil, tuteur, Saul, Paul.

3° Fleu ron, for mu-
lai re, fou gon, su rhu-
mé ra le, fou lon, frau de,
gau fre, glau co me, gloire, glou me, sy no ny mi-
que, glou ton, gor fou,
gou dron, gou jon, u na-

ni mi té, gou ver ne ment,
gri bou ri, grou pe, hau-
ban, vo la ti li té, hau-
tain, hi bou, hou blon,
hy drau li que, man gou-
ste, ma nœu vre, ma-
rou fle, hy lo to me, mem-
bre, hy per bo le, men tal,
hy po cri te, men ton, hy-
po thè que, mer cre di,
i co no clas te, mer lan,
im par fait, mer lin, im-
por tant, mer lon, im pos-
tu re, mer vei lle, in cul-
te, mé ta car pe, in di-
gni té, mé ta pho re, au-

ne, in flic tif, mi cro mè-
tre, i nha bi ta ble, mi-
cros co pe, in sec te, soul-
gan, ti lleul, soif, neuf.

4° Ja que mart, mul-
ti ple, ja co bin, mus ca-
din, jam bon, my ro bo-
lan, jas min, mys tè re,
jau nâ tre, nar val, join-
tu re, na vrant, né cro-
pho re, jou bar de, nec-
tar, ju di ca tu re, ner-
vin, ju ran de, ne veu,
ju ris con sul te, né vrop-
tè re, ki lo li tre, nim be,
ki lo mè tre, ni tre, la-

bou ra ble, noc tur ne, la by rin the, nom bre, lai te ron, nor mal, la- man tin, nos toc, lam bin, no tai re, lam pe ron, no- top tè re, lan ter ne, no- vem bre, lar don, nyc- tè re, lè che fri te, ob- cla vé, lec tu re, leu co- phre, ob jec tif, le vron, obs cur, lé zard, ob ser- van tin, li ber tin, oc- tan te, li brai re, oc ta- von, li cor ne, o li ban, li cou, bœuf, sauf, aug- men ta.

D. Quelles sont les voyelles composées ?

R. au, ou, oi, ai, ei, eu, œu.

D. ua, uo, io, ia, ie, ue, font-ils des voyelles doubles ?

R. Non ; il faut que *u* et *i* soient au second rang.

D. Quand deux voyelles ne font pas voyelle double, comment les prononce-t-on ?

R. L'une après l'autre.

D. Quand est-ce que les voyelles doubles se divisent ?

R. Quand *é* a l'accent et que *ï* et *ü* ont le tréma.

D. Comment prononce-t-on alors les voyelles doubles ?

R. L'une après l'autre.

7ᵉ TABLEAU.

1. Gué, guenille, guêpe, guerlin, gueule, gui, guidon, guimbarde, prodigue.

2. Guadeloupe, quadrangulaire, quadrature,

1. Comment prononce-t-on *gu* quand il est suivi d'une voyelle douce avec laquelle il ne forme qu'une syllabe ? R. *gue, langue.*

Et quand il forme deux syllabes ? R. *gu, ciguë, aiguillon, aiguiser, le duc de Guise.*

2. Comment prononce-t-on

quadrupède ,... aquador
et tous les mots qui commencent
par *aqua*.

_____

3. Ça, ço, çu : façade,
leçon, reçu; ce , cé , cè ,
cê, ci, cy : cela, céleste,
cèdre , ancêtres , ciboule ,
cyclope.

_____

4. Eau, couteau, mar-
teau, Jean, surseoir, nou-
veau.

_____

guad..., quad? R. *gouad..., kouad.*

3. Comment prononce-t-on le *ç*
cédille et *c* devant les voyelles douces? R. *s.*

4e. Comment prononce-t-on *e* devant *a, o?* R. On ne le prononce point.

5. Ge, gea, geo, gi, gy :
genou, gélatine, geai,
geole, giberne, gyrin,
mangea, boulangeais.

---

6. Œdipe, Cœcile, et è
quand la syllabe suivante
est muette : Fœne.

---

7. Objet, discret, cadet,
incomplet, jet.

---

5. Comment prononce-t-on *g* devant les voyelles douces ? R. *j*.

6. Comment prononce–t–on ordinairement *œ* suivi d'une consonne ? R. *é*.

7. Comment prononce-t-on *et* à la fin des mots ? R. *è*.

Excepté *et, cet*, que l'on prononce

8. ayai, ayo, oyé, oyau,
ai-i-ai, ai-i-o, oi-i-é, oi-i-au,

oya, oyeu, eya,
oi-i-a, oi-i-eu, ei-i-a.

Payais, royal, rayon,
envoyé, royaume, joyeu,
grasseya.

---

9. Marie, vie, voie, roue,
momie, voirie, joie, raie,
haie, tortue, pie...

é, ce-t : *vous et moi... cet homme, cet
enfant.*

8. Comment prononce-t-on y
entre deux voyelles? R. *ii*, ainsi que
dans *pays.*

9. Quand est-ce que *e* est nul à la
fin des mots? R. Quand il est précédé d'une autre voyelle.

10. Tu es, il est, mes, tes, ses, les, des, ces.

---

11. Plomb, dard, doigts, âmes, bourg, vous, drap, camp, blonds, front, dames, vingt, aspects, côtes.

Excepté, c, f, l, m, n, r.

Suc, nef, vol, idem, Eden, ver, etc.

---

10. Dans quels mots *es* se prononce-t-il *è*? R. dans les monosyllabes. Voir nº 10.

11. Quelles sont les consonnes nulles à la fin des mots? R. Toutes ordinairement.

12. Gnathite, gnémon, gnidion, gnomique, gnomon, gnomide...

13. Bo nne, ho nneur, so mme, po mme, ho mme, co nnu, a nneau, ca nne, a nnée, ma nne, ga mme, consta mment, fla mme, abonda mment, da mné, conda mné, conda mnable, auto mne, etc.

12. Comment prononce-t-on *gn* au commencement des mots ? R. *gue-n*ᵉ.

13. Quand est-ce que *m* et *n* sont nuls ? R. Quand ils sont suivis d'un autre *m* ou d'un autre *n*.

14. Illatif, illégale, illi-
cite, illogique, illuminé,
illustre.

_____

15. Eccopée, effacé, belle,
ennemi, étrenne, mienne,
essette, messe, flexibilité,
sexe, sexuel, assiette, allu-
mette, succès, suggéré, etc.

_____

14. Comment prononce-t-on *ill*
au commencement des mots ?
R. *il-l*e.

15. Comment prononce-t-on *e*
devant *x* ou devant une consonne
répétée, dont la première est ordinairement nulle, à moins que la
seconde ne change de valeur? R. *è*
quand la syllabe suivante est muette,
et *é* dans le sens contraire.

16. Jésus, Jésuite, Joseph, aisé, base, case, désir, dose, lèse, ésule, fusain, fusée, hysope, hasard, isagone, misère.

———

17. Exagone, exaucé, exercice, exigée, exomide, exulté, exhalé, exhibé, exhorté, exhumé.

———

16. Comment prononce-t-on *s* entre deux voyelles? R. *z*.

17. Comment prononce-t-on *ex* au commencement des mots suivis d'une voyelle ou d'un *h* muet? R. *é-gz*.

18. Immanquable, immémoriale, immense, immodeste, immuable, hymne, lymnée, gymnase.

19. Innascibilité, inné, innumérable, innomé.

20. Ancien, bien, chrétien, dorien, entretien, gardien, hétérosciens,

---

18. Comment prononce–t–on *im* au commencement des mots, suivi de *m* ou de *n* ? R. *im*e.

19. Comment prononce-t-on *in* suivi de *n* ? R. *in*e.

20. Comment prononce-t-on *en* précédé de *i*, *é*, *y* ? R. *in*.

2**

lien, indien, luthérien, mécanicien, tien, mérovingiens, quotidien, je tiens, tu viens, il convient, je préviens, tu soutiens, il appartient.

Européen, galiléen, jébuséen, iduméen, vendéen.

Citoyen, doyens, concitoyen, troyens, moyens.

---

21. Audience, expé-

---

21. Comment prononce-t-on *i en* suivi de *c* ou de *t*? R. *i-an*.

rience, faïence, pres-
cience, science, sapience.
Client, coefficient, émol-
lient, escient, expédient,
ingrédient, inconvénient,
orient. *

———

22. Venez, courez,
chantez, dansez, chez, pro-
menez, assez, nez, pied.

———

22. Comment prononce-t-on *e*
devant *z* ou *d* à la fin des mots? R. é.

———

* Vous me demanderez, peut-être, pourquoi
voit-on, dans le premier alinéa de ce tableau,
des mots qui finissent par *ient* que l'on prononce *iin*, tandis que dans le troisième, la
même terminaison doit se prononcer *ian*?
Je vous répondrai que, dans le premier

23. Action, condition, ambition, dations, contention, dictions, potions, inventions, contractions, ration, rétention, attentions, intentions.

24. Bastion, bestion, combustion , mixtion ,

---

23. Comment prononce-t-on *ti* suivi de *on*? R. *si*.

24. Comment prononce-t-on *ti on* précédé de *s*, *x*, ou quand le mot est précédé de *nous*? R. *ti-on*.

---

alinéa, les mots terminés ainsi sont précédés de *il*; dans le troisième, ils peuvent être précédés de *le* ou *l'*, ou de *très*. Il est bon de remarquer qu'il n'y a que les terminaisons *tient* et *vient* qui puissent se prononcer *iin*, encore faut-il pouvoir mettre *il* devant et non pas *ils*.

questions, ustions, nous dations, nous cotions, nous contentions, nous fêtions, nous dictions, nous gâtions, nous interceptions, nous objections, nous options, nous rations. Excepté : Nous initions, nous balbutions, nous différentions.

---

25. Ardemment, apparemment, concurremment, confidemment, dé-

---

25. Comment prononce–t–on *e* devant *mm* dans le corps des mots ? R. *a.*

cemment, diligemment, éloquemment, équivalemment, femme, fervemment, sciemment, violemment.

---

26. Emmagasiné, emmaillotté, emmancha, emménageait, emmena, emmenotté, emmiella, emmortaisa, emmotté, emmuselé, remmaillage, emmaillé, emmuré.

---

26. Comment prononce-t-on *e* devant *mm* au commencement des mots ? R. *an*.

27. Aimer, baller, berger, chanter, fêler, gagner, gibier, glaner, habiter, horloger, mâter, miner, boulanger, nicher, menuisier, orner, quinter, pommier, chercher, portier, écolier, poirier, porter, dominer.

(Excepté) Amer, enfer, cancer, envers, hiver, univers, Esther, éther, Jupiter, fier, tiers, cher,

27. Comment prononce-t-on *er* à la fin des mots de plusieurs syllabes? R. *é*.

fer, mer, ver, ers, Gers.

---

29. Ils côtoient, elles paient, ils essuient, les enfants jouent, ils bégaient, ils voient, elles allient, ils amplifient, qui lient, ils expient, elles étudient, qui se récréent, ils crient, ils plient, ils expédient, les chiens aboient.

---

29. Comment prononce-t-on *ent* à la fin des mots après une voyelle, quand le mot est précédé de *ils*, *elles*, *qui*? R. On ne le prononce point.

30. Ils parlent, qui aiment, elles chantent, les renards glapissent, les pigeons roucoulent, les moutons bêlent, les jours se succèdent, les années s'écoulent, les poulets piaulent, les abeilles bourdonnent, les bœufs mugissent, ils beuglent, les chiens jappent, ils mangent, les lions rugissent,

---

30. Comment prononce-t-on *ent* à la fin des mots après une consonne quand le mot est précédé de *ils, elles, qui?* R. *e.*

les serpents sifflent, elles pleurent, qui écrivent, ils lisent, ils apprennent, elles courent, les tourterelles gémissent.

Jésus-Christ, *Monsieur*, se prononcent : *Jésu-Chri, Mossieu.*

RÉCAPITULATION.

Guimpe, Guadalquivir, quadragésime, garçon, lança, perçu, mangea, changeons, genou, givre, gynécée, cime, cycle, guenon, nœud, œdème, œillet, travail, pareil, fauteuil, piano, piaulard, violon, diurne, pitié, onzième, nuit, impair, four, pouvoir, tuteur, coulpe, linceul, paysan, balayais, tutoyé, boyau, moyeu, noyale, grasseya, ayons, boulangea, pigeon, ciseau, tu es méchant, il est bon, mes livres, tes plumes, les soies, ses mains, des tables, ces bois, les jolies statues, nous, puits, plaie, bord, mandat, joncs, dommage, donné, gramme, instamment, gnomique, magnanime, gnostique, illégitime, illibéral, illuminateur, effroi, ellipse, garenne, qu'il vienne, qu'elle tienne, essieu essor, cette, lunette, flexion sexangle, rose, lisible, mosaïque, prise, thèse, toison, poisson, poison, exacteur, exhaussé, exemple, exil, exotique, exulcéré, immaculé, immense, immersion, immonde, immoral, immiscible, immunité, innavigable, innovateur.

LECTURE COURANTE.

L'étude est utile à la jeunesse. L'amour des plaisirs perd un grand nombre de personnes... L'élève sera puni pour avoir négligé son devoir... Ce petit garçon a une figure si ridicule qu'il déplaît à tout le monde... Mon petit ami, adore le Dieu créateur du ciel et de la terre, et maître absolu de toutes choses... Ma

mère a été malade dernière-
ment, mais elle est guérie... Le
petit Jules ira à l'école commu-
nale dans quinze jours, et il y
restera jusqu'au moment où il
ira au collége... Demain jeudi
nous irons à la promenade immédiatement après le déjeuné
et nous ne reviendrons que pour
le dîné.

—

Ma sœur s'est fâchée, elle
a jeté sa quenouïlle dans le feu,
où elle a été, dans un instant,
réduite en cendres... La perte
que nous venons de faire a jeté
la terreur dans tous les cœurs...
Mon père ira au marché et il
m'apportera un joli flageolet...
Les juges ont condamné un cri-

minel à la peine capitale... Voilà un quadragénaire qui a toute la fraîcheur et l'agilité d'un jeune homme de vingt ans... Ce paysan est d'une mine charmante, il est très-instruit en agriculture... Mon frère m'envoya la semaine dernière, un architecte pour me faire le plan d'une maison.

—

Comédien, ariens, bienfait, il vient, il prévient, il maintient, tu viendras, je conviendrais, platéen, néméens, mitoyen, conscience, sapience, efficient, condition, caution, section, gestion, congestion, nous mentions dans nos mentions, nous inventions des inventions, nous portions les portions, éminemment, fréquemment, emmagasinage, remmaillage, retournez, ramenez. Aimez le Seigneur votre Dieu de tout votre cœur, de toutes vos forces et de tout votre esprit, et votre prochain comme vous-même.

———

Souvenez-vous de vos fins dernières et vous ne pécherez jamais. Dieu est notre libérateur : c'est lui qui nous a rachetés de l'enfer et mérité le ciel, où nous jouirons d'un bonheur qui n'aura point de fin. Voulez-vous être heureux sur la terre? observez la loi du Seigneur, adorez votre Créateur, honorez votre père et votre mère et tous ceux qui ont autorité sur vous. Si vous voulez avoir le glorieux avantage de voir Dieu tel qu'il est pendant toute l'éternité, évitez le mal et faites le bien. Ne faites point aux autres ce que vous ne voudriez pas qu'on vous fît.

———

Joseph vient de la promenade où il s'est bien amusé. Tu as vu des inventions si surprenantes que tu en es tout ébahi. Nous inventions une machine qui devait se mouvoir par une force très-minime. Les Européens sont blancs, civils et amateurs des arts et des sciences. Les anciens se sont nourris de glands. Cette femme agit prudemment dans cette affaire. Cet homme emmortaise bien ses pièces de bois. La reconnaissance est un devoir, non-seulement à l'égard de nos parents, qui sont, après Dieu, nos bienfaiteurs, mais aussi à l'égard de tous ceux qui nous font du bien.

LECTURE SUIVIE.

Ayez confiance en Dieu de tout votre cœur, et ne vous appuyez point sur votre prudence. Pensez à lui dans toutes vos voies, et il conduira lui-même vos pas. Ne soyez point sage à vos propres yeux. Craignez Dieu et éloignez-vous du mal.

Honorez de votre bien le Seigneur, et donnez-lui les prémices de tous vos fruits. Mon fils, ne rejetez point la correction du Seigneur, et ne vous abattez point lorsqu'il vous châtie. Car le Seigneur châtie celui qu'il aime, et il trouve en lui son plaisir comme un père dans son fils. Heureux celui qui a trouvé la sagesse, et qui est riche en prudence, le trafic de la sagesse vaut mieux que celui de l'argent; et le fruit qu'on en tire est plus excellent que l'or le plus fin et le plus pur. Son prix passe toutes les richesses, et tout ce qu'on désire le plus ne mérite pas de lui être comparé. Elle a la lon-

gueur des jours dans sa droite;
et dans sa gauche, les richesses
et la gloire. Ses voies sont belles
et tous ses sentiers sont pleins
de paix. Elle est un arbre de vie
pour ceux qui l'embrassent; et
heureux celui qui se tient forte-
ment uni à elle. Le Seigneur a
fondé la terre par la sagesse, et
il a établi les cieux par la prudence. Le Seigneur frappera
d'indigence la maison de l'im-
pie; mais il bénira les maisons
des justes. Les sages possède-
ront la gloire : l'élévation des
insensés sera leur confusion.

———

Ecrivez les injures sur le sa-
ble, et gravez les bienfaits dans
vos cœurs. L'homme vraiment

sage exposera toujours sa vie pour le bien public et pour défendre sa patrie. Ne faites rien dans le moment de la colère. La plaisanterie amère est le poison de l'amitié. Celui qui, le matin, a écouté la voix de la vertu, peut mourir le soir : cet homme ne se repentira pas d'avoir vécu; la mort ne lui fera aucune peine. Celui qui se venge d'un petit affront s'expose à recevoir de plus grands outrages. Le vide d'un jour perdu ne sera jamais rempli. L'air qu'on respire sur les tombeaux épure les pensées. Celui qui persécute l'homme de bien fait la guerre au ciel. Le ciel a créé la vertu, il la protége : or, celui qui la persécute, persécute le ciel. L'homme ne désire rien avec plus d'ardeur que les choses dont la jouissance lui est interdite. Les excuses sont rarement exemptes de mensonge. La modestie et le respect sont comme les pleurs des enfants ; leur faiblesse même et leur impuissance font leur force, et obtiennent tout. Ce n'est pas assez que d'avoir de grandes qualités, il faut encore savoir les économiser. Celui qui est ce qu'il paraît, fera ce qu'il a promis. Le vice empoisonne les plaisirs, la passion les flatte, la modération les aiguise, l'innocence les épure, la bienfaisance les multiplie, l'amitié les perpétue.

—

Le crime est le bourreau de l'âme. Plus les repentirs sont prompts, plus ils en épargnent d'inutiles. La crainte de Dieu est le commencement de la sagesse. Chaque jour de ta vie est un feuillet de ton histoire. Travaille à purifier tes pensées, si tes pensées ne sont pas mauvaises, tes actions ne le seront point. Il n'y a point de gens plus vides que ceux qui sont pleins de leur mérite. La mauvaise compagnie rend le bon méchant, et le méchant pire. L'hypocrisie est un hommage que le vice rend à la vertu. Mille parties de plaisir ne laissent aucun souvenir qui vaille celui d'une bonne action. Chasse la cupidité de ton cœur, tes pieds seront à l'abri des fers. Le temps moissonne, et nous glanons. Employons chaque jour de notre vie comme s'il devait être le dernier. Il est beau, il est grand d'avoir compassion de son ennemi dans sa défaite. Notre repentir n'est pas tant un regret du mal que nous avons commis, qu'une crainte de celui qui peut en résulter pour nous. On ne méprise pas tous ceux qui ont des vices ; mais on méprise tous ceux qui n'ont aucune vertu. Celui-là est véritablement honnête homme, qui veut être toujours exposé à la vue des honnêtes gens. La vraie valeur consiste à faire sans témoin ce qu'on serait capable de faire devant tout le monde.

—

L'oisiveté ressemble à la rouille, elle use beaucoup plus que le travail. La paresse chemine si lentement que la pauvreté ne tarde pas à l'atteindre. La faim regarde à la porte de l'homme laborieux, mais elle n'ose pas entrer dans la maison. Nous aimons toujours ceux qui nous admirent, mais nous n'aimons pas toujours ceux que nous admirons. Les esprits médiocres condamnent ordinairement tout ce qui passe leur portée. L'oubli de soi-même est la pierre de touche de la vraie grandeur, et la perfection de la sagesse. Si la vanité ne renverse pas entièrement les vertus, du moins elle les ébranle toutes. Nous oublions aisément nos fautes quand elles ne sont connues que de nous. Nous avons plus de paresse dans l'esprit que dans le corps. Ce qui nous rend la vanité des autres insupportable, c'est qu'elle blesse la nôtre. On devient insensiblement vil avec un maître qui l'est. Un bon père donne trois choses à ses enfants : la nourriture, l'éducation et le bon exemple. Peu de gens sont assez sages pour préférer le blâme qui leur est utile à la louange qui les trahit. Il n'y a rien d'aussi cher que le temps ; ceux qui le perdent sont les plus blâmables de tous les prodigues. Si c'est un grand bonheur que d'avoir ce qu'on désire, c'en est un bien plus grand de ne désirer que ce qu'on a. Les gens de bien donnent ce qui est à eux, et sont toujours riches : les méchants ravissent le bien d'autrui, et sont toujours pauvres. Celui qui aime la correction, aime la science : mais celui qui hait les réprimandes, est un insensé. La verge et la correction donnent la sagesse : mais l'enfant qui est abandonné à sa volonté, couvrira sa mère de confusion. Elevez bien votre fils, et il vous consolera, et deviendra les délices de votre âme. Celui qui épargne la verge, hait son fils; mais celui qui l'aime, s'applique à le corriger. L'insensé se moque de la correction de son père; mais celui qui se rend au châtiment deviendra plus sage. L'instruction est amère à celui qui abandonne la voie de la vie; celui qui hait les réprimandes, mourra. L'homme corrompu n'aime point celui qui le reprend, et ne va point trouver les sages. Le cœur du sage cherche l'instruction; la bouche des insensés se repaît d'ignorance. L'enfant sage est la joie de son père; et l'enfant insensé méprise sa mère. L'homme bien instruit voit au-dessus de lui le sentier de la vie, qui lui fait éviter le profond abîme de l'enfer. L'oreille qui écoute les réprimandes salutaires, demeurera au milieu des sages. Celui qui rejette la correction, méprise son âme ; mais celui qui se rend aux réprimandes, possède son cœur. L'enfant insensé est l'indignation du père, et la douleur de la mère qui l'a mis au monde. Corrigez votre fils, et n'en désespérez pas : et ne prenez pas une résolution qui aille à sa mort. Celui qui méprise son prochain pèche ; mais celui qui a compassion du pauvre sera bienheureux. Où l'on travaille beaucoup là est l'abondance : mais où l'on parle beaucoup l'indigence se trouve souvent.

Celui qui opprime le pauvre, fait injure à Dieu qui l'a créé; mais celui qui en a compassion, rend honneur au Seigneur. La justice élève les nations; et le péché rend les peuples malheureux. Peu avec la crainte de Dieu, vaut mieux que de grands trésors qui ne rassasient point. Peu avec la justice, vaut mieux que de grands biens avec l'iniquité. Le cœur de l'homme prudent acquiert la science; l'oreille des sages cherche la doctrine. Celui qui a pitié du pauvre, prête au Seigneur à intérêt, et il lui rendra ce qu'il lui aura prêté. Écoutez le conseil et recevez les instructions, afin que vous soyez sage à la fin de votre vie. Ne cessez point, mon fils, d'écouter ce qu'on vous enseigne, et n'ignorez pas les paroles de science. On jugera par les inclinations de l'enfant, si un jour ses œuvres seront pures et droites. On dit d'ordinaire : Le jeune homme suit sa première voie ; dans sa vieillesse même il ne la quittera point. Pourquoi ai-je détesté la discipline? et pourquoi mon cœur ne s'est-il point rendu aux remontrances qu'on m'a faites? Pourquoi n'ai-je point écouté la voix de ceux qui m'enseignaient, ni prêté l'oreille à mes maîtres? J'ai été plongé dans toutes sortes de maux! Allez à la fourmi, paresseux, considérez sa conduite, et apprenez à devenir sage : puisque n'ayant ni chef, ni maître, ni prince, elle fait néanmoins sa provision pendant l'été, et amasse pendant la moisson de quoi se nourrir. Jusqu'à quand dormirez-vous, paresseux ? Quand vous réveillerez-vous de votre sommeil ?... L'indigence viendra vous surprendre comme un homme qui marche à grand pas et la pauvreté se saisira de vous comme un homme armé. Si vous êtes diligent, votre moisson sera une source abondante, et l'indigence fuira loin de vous. L'homme superbe et insolent passera pour ignorant ; parce que dans sa colère il s'emporte en des actions pleines d'orgueil. Les désirs tuent le paresseux : car ses mains ne veulent rien faire. Il passe toute la journée à faire des souhaits. Si votre ennemi a faim, donnez-lui à manger, s'il a soif, donnez-lui à boire. Celui qui cache ses crimes, ne réussira point ; mais celui qui les confesse et s'en retire, obtiendra miséricorde. Heureux l'homme qui craint le Seigneur : mais celui qui a le cœur dur, tombera dans le mal. N'épargnez point la correction à l'enfant; car si vous le frappez avec la verge, il ne mourra point. Vous le frapperez avec la verge, et vous délivrerez son âme de l'enfer. Mon fils, si votre cœur est sage, mon cœur se réjouira avec vous; et mes entrailles tressailleront de joie, lorsque vos lèvres auront prononcé des paroles de vérité. Que votre cœur ne porte point d'envie aux pécheurs; mais demeurez ferme dans la crainte du Seigneur pendant tout le jour. Car vous aurez ainsi de la confiance en votre dernière heure; et ce que vous attendrez, ne vous sera point ravi.

CHARITÉ HÉROÏQUE D'UN ENFANT DE CINQ A SIX ANS.

Docile aux leçons de bienfaisance et de charité qu'on lui avait données, cet enfant montra, dès ses plus tendres années, le plus vif empressement à soulager les malheureux. Toutes les fois qu'il rencontrait un pauvre, il se hâtait de l'aborder, et lui donnait aussitôt tout ce qu'on lui avait donné à lui-même pour ses menus plaisirs. Etant tombé malade à l'âge de cinq à six ans, le médecin lui ordonna une médecine; mais le grand embarras fut de le déterminer à la prendre. En vain

joignit-on les promesses aux
exhortations; en vain lui as-
sura-t-on que, s'il prenait le
remède, on lui donnerait tous
les bonbons, tous les jouets,
tous les bijoux qu'il pourrait
souhaiter, rien ne put le gagner. Alors sa mère, qui con-
naissait son heureux penchant
à faire du bien, s'avisa de lui
dire : « *Ah ! mon bon ami, je
viens de voir un pauvre qui est
presque tout nu et tout transi de
froid ; eh bien ! si tu prends la
médecine, je te promets que, dès
aujourd'hui, je le ferai habiller
tout à neuf. — Ah ! s'il en est
ainsi*, dit l'enfant, *je la pren-
drai.* » Il se mit en effet à la prendre ; mais lorsqu'il en eut avalé

la moitié, il s'arrêta en disant :
« *Oh! maman, que cela est mauvais; je ne puis aller jusqu'au bout.* — *Tu veux donc*, reprit la mère, *qne je n'habille le pauvre qu'à demi? car, si je t'ai promis de l'habiller entièrement, ce n'a été qu'à condition que tu prendrais toute la médecine.* À ces mots, l'enfant demande le verre qui en contenait les restes; et, sans se faire prier, il en avale jusqu'à la dernière goutte. Puisse ce bel exemple, sinon servir en tout de modèle aux enfants, du moins leur apprendre à être charitables, et à faire aux pauvres tout le bien dont ils sont capables.

LA MÈRE VICTIME DE LA MAUVAISE ÉDUCATION QU'ELLE AVAIT DON-NÉE A SES ENFANTS.

Un jeune homme, ainsi que sa sœur, avaient été très-mal élevés par une mère idolâtre de ses enfants, mais en même temps bizarre et capricieuse. Tantôt elle les grondait, les maltraitait dans des accès d'impatience; le moment d'après, elle les apaisait, les caressait, et, par ce manége, leur apprenait tout à la fois, et à se révolter contre les châtiments, et à dédaigner les caresses; ne gagnant auprès d'eux d'un côté que pour perdre encore plus de l'autre; ne les

portant à céder, pour le moment, que de manière à les ren-
dre bien plus opiniâtres et plus
volontaires. Aussi l'étaient-ils
devenus au point que rien ne
pouvait plus les apaiser et les
satisfaire. La mère, toujours
aux expédients pour les faire
obéir, ne savait les animer, les
récompenser ou les punir, que
par tout ce qui pouvait inté-
resser en eux la vanité, la gour-
mandise, l'amour du luxe et
de la parure; ce qui avait
donné au fils beaucoup de suf-
fisance, et à la fille un amour
excessif des ajustements, qui fut
bientôt suivi d'une envie déme-
surée de plaire. Une si mauvaise éducation eut l'effet qu'on

devait en attendre; la fille dé-
shonora sa famille, et alla cachei
sa honte dans un pays lointain.
Le fils trouva dans le monde
bien des contradictions et des
peines, au sein même des plaisirs; il mangea en peu de temps
tout son bien, et n'eut d'autre
ressource pour subsister, que
la compassion d'un de ses pro-
ches, et la mère en mourut de
chagrin et de douleur. Voilà
quel est souvent le fruit d'une
mauvaise éducation. En faisant
le malheur des enfants, elle
finit par faire celui des parents
eux-mêmes; au lieu qu'une
éducation vertueuse et chrétienne assure presque toujours
le bonheur des uns et des autres.

L'ENFANT FIDÈLE AUX DEVOIRS DE SA RELIGION.

Vers la fin du siècle dernier, un jeune enfant d'Avignon donna un exemple de fermeté et d'obéissance que je crois devoir mettre ici sous les yeux des enfants, afin qu'il puisse servir de modèle à ceux qui pourront se trouver dans le cas de l'imiter.

Comme les parents de cet enfant n'avaient pas eu soin de l'élever chrétiennement, il avait mené une vie assez peu chrétienne, jusqu'à l'âge de 13 à 14 ans. Mais ayant fait alors sa première communion, et s'y étant préparé avec tout le soin qu'exige une si grande et une si sainte action, il changea totalement de conduite et de sentiment; il se donna entièrement au Dieu de bonté qui avait daigné se donner à lui, et il forma la ferme résolution de tout sacrifier et de tout souffrir plutôt que de jamais l'offenser.

La fidélité qu'il avait vouée au Seigneur fut bientôt mise à une des épreuves les plus délicates qu'il dût avoir à soutenir. Son père, qui n'était guère exact à remplir ses devoirs de chrétien, ne fit servir sur la table que des aliments gras, quoiqu'on fût alors dans le temps du carême, et il en offrit à son fils qui, jusqu'alors, n'avait pas fait difficulté de suivre les mauvais exemples qu'il lui avait donnés en ce genre. Mais cette fois l'enfant le remercia avec un ton respectueux, et lui dit en même temps avec fermeté qu'il ne pouvait pas user des mets qu'il lui présentait, parce que les lois de l'Église lui en interdisaient l'usage. *Eh bien ! monsieur*, lui répondit le père, aussi indigné que surpris de son refus, *puisque vous ne voulez pas ce que je vous offre, vous ne mangerez que du pain. — Volontiers, papa,* dit l'enfant. *La Religion m'apprend que je dois vous obéir comme à Dieu, et lorsque vous ne m'ordonnerez rien qui ne soit contraire à sa loi, je ne serai pas moins*

soumis à vos ordres qu'aux siens.
Il semble que cette réponse aurait dû désarmer la colère du père ; mais comme il était naturellement dur, il y fut entièrement insensible ; et, pendant plusieurs jours, il ne fit donner à son fils que du pain. Il n'en fut pas ainsi de la mère. Plus tendre et plus raisonnable que son mari, elle ne put voir sa conduite sans en être affligée ; et, pour adoucir à son fils la punition à laquelle il avait été condamné si injustement, elle lui porta en cachette quelques aliments maigres, et l'exhorta à s'en nourrir, en l'assurant que son père n'en saurait jamais rien ; mais l'enfant refusa cons-

tamment d'y toucher ; et comme sa tendre mère lui faisait les plus vives instances : *Non, maman*, lui répondit-il, *jamais je ne consentirai à manger ce que vous avez la bonté de me présenter. Mon père a dit expressément, en votre présence, qu'il voulait que je n'eusse que du pain pour toute nourriture ; mon devoir est de lui obéir : je ne mangerai que du pain. Je puis vivre avec ce seul aliment. Mais dussé-je mourir de faim, je préférerais la mort à la désobéissance.* La mère ne put répondre à ces paroles que par des larmes ; mais elle vint les rapporter à son mari, et celui-ci en fut si frappé et si attendri, que, pour réparer l'injustice qu'il avait commise, et le scandale qu'il avait donné, il ne fit plus servir sur la table aucun aliment gras, et observa exactetement les lois de l'Eglise durant tout le reste du carême. Ce qui prouve bien, que si les exemples des parents égarent quelquefois les enfants, ceux des enfants peuvent aussi ramener quelquefois leurs parents. Nous tenons cette anecdote d'un prêtre, à qui la mère l'avait racontée en versant des larmes de joie

———

Un enfant de quinze ans tomba dangereusement malade. Le médecin lui donna mal à propos un remède qui fit bientôt désespérer de sa vie. Plusieurs infidèles, amis du père du jeune homme, vinrent chez lui, et le pressèrent d'avoir recours à certaines cérémonies superstitieuses, qu'ils assuraient être infaillibles, pour retirer son fils des portes de la mort où il était. Le père aimait passionnément ce fils, et était inconsolable de le perdre. Peut-être aurait-il succombé à une tentation si délicate; mais Dieu l'affermit bientôt par la bouche même de son fils mourant. Ce jeune homme n'eut pas plutôt entendu le conseil qu'on donnait à son père que, recueillant tout ce qu'il lui restait de forces, il s'écria : « *Laissez-moi mourir, mon père, laissez-moi mourir, et donnez-vous bien de garde de faire aucune chose qui soit suspecte de la moindre superstition. Je préfère la mort à la vie si je ne puis continuer à vivre qu'en offensant le Seigneur.* » Peu après il mourut : et alla recevoir au ciel la récompense d'une foi si pure.

———

Un chrétien chinois, fort jeune, s'était oublié, dans un emportement, jusqu'à dire à sa mère quelques paroles offensantes qui avaient scandalisé tout le voisinage. Dès que, revenu à soi, il fit réflexion à ce qui lui était échappé, il assembla ses voisins, et, se mettant à genoux en leur présence, il demanda pardon à sa mère. Ensuite, pour expier sa faute, il s'imposa lui-même une pénitence pénible et humiliante. Puis, adressant la parole à tous ceux qui étaient présents : « *Un chrétien*, leur dit-il, *peut bien s'écarter de son devoir dans un premier mouvement de colère, mais sa religion lui apprend à réparer aussitôt sa faute, et c'est pour vous en convaincre que je vous ai priés d'être témoins de tout ce qui vient de se passer.*

———

REMARQUES.

s entre deux voyelles se prononce ç :

Antisocial, contresigner, contresol, désudation, désuétude, désulfurer, monosyllabe, polysyllabe, parasol, présanctifier, préséance, présuccession, présupposer, présupposition, resacrer, resarcir, resaigner, resaucer, resection, resiffler, resigner, vraisemblance, etc.

s se prenonce z :

Transaction, transiger, transitif, transition, transitoire, etc.

4

ueil se prononce *euil* :

Accueil, cercueil, cueillir, écueil, recueil, etc.

Orgueil, etc.

PRONONCEZ :

Akeuil, cerkeuil, keuillir, ékeuil, rekeuil, etc.

Orgueuil, etc.

e devant *ss* se prononce *e* dans :

Dessus, dessous, ressaisir, ressentir, ressortir,... et dans tous les mots qui commencent par **ressa**,... **resse**..., **resso**...

x se prononce *ss* dans :

Auxerre, Auxone, Bruxelles, soixante (**six, dix** à la fin des phrases).

x se prononce *z* :

Deuxième, dixième, sixième.

ill se prononce *il-le* dans :

Capillaire, distiller, imbécille, gille, pupille, mille, pusillanime, tranquille, village, ville, Lille, sille, Achille, etc.

ch se prononce *k* toutes les fois qu'il est suivi d'une consonne et dans :

Anachorète, archange, archiépiscopal, archonte, Achaïe, catéchumène, chaos, chœur, choriste, choléra, Chersonèse, chiromancie, chananéen, brachial, Chaldée, écho, eucharistie, Munich, orchestre, patriarchat, technique, chirographie, choral,... et tous les mots qui commencent par chiro.. chor..., etc.

il se prononce *ill :*

Avril , babil , cil , grésil , mil (plante), péril, gentil (païen), etc.

ti se prononce *ci :*

Captieux , contentieux, initial , partial , partiel, potentiel,... et tous les mots à finales semblables.

Diplomatie, prophétie, minutie,... et tous les mots qui finissent par **ati , étie , utie.**

insatiable, quotidien, satiété, etc.

gn se prononce *gue-n :*

Igné, ignifère, et tous les mots qui commencent par **igné, igni...**

Diagnostic, pignorer, pigno-ration, pugnacité, stagnant, stagner, stagnation, regnicole, inexpugnable, etc.

a nul dans :

Août, aoriste, Saône, taon, etc.

qu se prononce *cou* :

Equateur, équation, équa-torial, etc.

qu se prononce *cu* :

Equestre, équin, équipolen-ce, équipondérance, équiriné, équisonance, équisétacées, é-qui-axe ,... et tous les mots composés comme ce dernier.

Questeur, questure, quéri-
monie, querquère, quésiteur,
questable, questoriens, ques-
tuaire, quiet, quiescent, quié-
tisme, quiétude, quindéca-
gone, quindenté, quintupler,
quinquagénaire, quinquagési-
me, etc., le second qu dans ces deux
derniers se prononce cou.

o nul dans :

Faon, Laon, paon.

e se prononce *a* et *an*.

Hennir, solennel, enarbrer,
enherber, enivrer, ennoblir,
ennui, enorgueillir, enhardir,
enharnacher, etc.

am, em se prononce *ame* :

Mammifère, ammoniaque, grammaire, amnistie, indemniser, indemnité, etc.

c nul dans :

Almanach, amict, cric, broc, cotignac, estomac, escroc, tabac, lacs, marc (poids), etc.

eu se prononce *u* :

J'eus, tu eus, il eut, j'ai eu... eûmes... eusse... gageure... etc.

l nul dans :

Baril, coutil, chenil, cul, fils, fusil, persil, pouls, outil, soûl, sourcil, gentil (joli), devant une consonne, etc.; gentil a le son mouillé devant une voyelle.

p nul dans :

Baptême , compte, dompter, exempter, prompte, sculpter, etc.

om se prononce *ome :*

Calomnie, insomnie, etc.

Toutes les lettres se prononcent à la fin des mots suivants :

Abject, anus, as, atlas, arc, blocus, brut, bis, busc, cap, cens, cep, Christ, correct, déficit, David, direct, distinct, dot, est (levant), échec, exact, fat, fœtus, fisc, gaz, granit, gratis, iris, index, infect, intact, joug, laps, lest, luth, Marc, mars, maïs, mat, musc, nerf, obtus, ouest, prospectus, phénix, parc, préfix, rébus, sinus, serf, silex, subit, sud, transit, tact, vis, virus, zenit, aloës, chorus, coq, radoub, flores, en sus,... morbus, dervis, jadis, ours, Reims, etc.

DIVISION DU TEMPS.

L'année ordinaire est composée de 365 jours renfermés dans 12 mois, qui sont : Janvier, Février, Mars, Avril, Mai, Juin, Juillet, Août, Septembre, Octobre, Novembre, Décembre.

Janvier, Mars, Mai, Juillet, Août, Octobre, Décembre, ont chacun 31 jours. Avril, Juin, Septembre et Novembre, ont chacun 30 jours. Février a 28 jours les années ordinaires et 29 les années bissextiles, ce qui a eu lieu en 1864. Il en sera de même de 4 en 4 ans.

La semaine est de 7 jours : dimanche, lundi, mardi, mercredi, jeudi, vendredi et samedi. Le jour a 24 heures, l'heure 60 minutes, la minute 60 secondes, etc.

Il y a quatre saisons dans l'année : le Printemps commence le 21 Mars ; l'Eté, le 21 Juin, jour le plus long ; l'Automne, le 21 Septembre ; et l'Hiver, le 21 Décembre, jour le plus court.

Le globe terrestre est divisé en 5 parties, savoir : l'Europe, l'Asie, l'Afrique, l'Amérique et l'Océanie.

POINTS CARDINAUX.

Le levant, orient ou est, est le point où le soleil se lève.

Le couchant, occident ou ouest, est celui où il se couche.

Le sud ou midi; celui où il se trouve à égale distance de son lever et de son coucher.

Le nord ou septentrion, opposé au sud.

Quand on regarde le soleil à midi, on a le levant à gauche, le couchant à droite, le sud en face et le nord par derrière.

SIGNES de PONCTUATION.		ARRÊTEZ-VOUS LE TEMPS NÉCESSAIRE POUR DIRE :
Virgule	,	*Jésus.*
Point-virgule	;	*Jésus, Marie.*
Deux points	:	*Jésus, Marie, Joseph.*
Point	.	*Jésus, Marie, Joseph, bénissez-nous.*
Point interrogant	?	*Que fais-tu ?*
Point admiratif	!	*O Dieu !*
Parenthèses	( )	
Guillemets	« »	
Trait d'union	-	*Est-il ?*

ACCENTS.

Aigu	é	*Bonté.*
Grave	è	*Brève.*
Circonflexe	ê	*Tête.*
Apostrophe	'	*L'âme.*
Tréma	¨	*Haïr.*

LECTURE COURANTE

ET LIAISONS DE MOTS ENTRE EUX.

---

c se prononce *k*.
Le duc et le roi...
Franc arbitre... Du
blanc au noir.

PRONONCEZ :
Le du ké le roi...
Franc karbitre... Du
blan kau noir.

d se prononce *t* :
Grand homme...
Tend-il un piége...
Reprend-on les...

Gran tome.. Tan til
un piége... Repran
ton les...

g se prononce *k* :
Sang humain...
Rang élevé... Long
exercice...

San kumin, ran ké-
levé, long kêgzer-
cice...

f se prononce *f*.
Serf engourdi...
Soif ardente... Ché-
tif insecte...

Sèr fangourdi, soi
fardente, chéti fin-
secte..

f se prononce *v* dans *neuf ans*, *dix-neuf ans*;
neu van, *disse-neu van*, *vinte-neu van*, etc.

l se prononce *l* :
Bel ouvrage... Nouvel emploi... Le mal à venir...

x se prononce *z* :
Dix ans... Heureux avenir... Deux heures...

r se prononce *r* :
Aimer à jouer... Premier élève... Noir et blanc...

sz se prononce *z* :
Les âmes... Des hommes... Ces avis... Nez aquilin...

t se prononce *t* :
Cet oiseau... Reflet admirable... Objet intéressant...

PRONONCEZ.

Bè louvrage, nouvè lamploi... Le mala venir.

Di zan, eu reu zavenir... deu zeure...

Èmé ra joué, premié rélève, noi ré blanc.

Lè zâme, dè zome, cè zavi, né zakilein.

Ce toizau reflè tadmirable, objè tintérèçan.

e.   muet s'élide, et la consonne qui le précède immédiatement se lie à la voyelle qui commence le mot suivant : sainte enfance, brave homme, prononcez : *sain tenfance, bra vome.*

d. t. nul à la liaison quand ils sont immédiatement précédés de *r*... Il perd au jeu, elle court à sa perte, prononcez : *il pè rau jeu, èle cou ra sa perte...* excepté quand ils sont suivis d'un trait d'union : perd-il, perd-on ; court-elle... prononcez : *pèr til, pèr ton, cour tèle.*

t.   nul dans aspect, instinct, respect, etc. Aspect agréable, respect humain... prononcez : *aspè kagréable, respè kumain.* Va et arrive, prononcez : *va é arrive.*

n.   se lie dans : Certain auteur, bien obligeant, en allant, en aveugle, bon enfant, on est arrivé, un an... pron .. *certin nauteur, biin noblijan, en nalant, an naveugle, bon nanfan, on nè tarrivé, un nan.*

p. Ne se lie que dans : beaucoup, trop, et quelquefois dans coup : il a beaucoup étudié, vous êtes trop aimable, coup inattendu ; prononcez : *beaucoup pétudié, vous zè te tro pèmable, cou pi na ten du.*

b.m. Ne se lie jamais, ainsi que toutes les autres lettres qui ne sont point énoncées ci-dessus.

Il y a beaucoup d'exceptions.

0. 1. 2. 3. 4. 5. 6. 7. 8. 9. 10. 20. 30. 40. 50. 60. 70. 80. 90. 100.

―――――

15. 26. 38. 43. 51. 62. 78 87. 94. 112. 135. 256. 468. 735. 687. 978.

1000. 236. 467. 7526. 2456. 8345. 24793. 56845. 91637. 684295. 123466789. 267895843946478.

I=1, v=5, x=10, L=50,
c=100, D=500, M=1000,

II, III*, IV, V, VI, VII, VIII,
IX, X, XI, XII, XIII, XIV, XV,
XVI, XVII, XVIII, XVIX, XX, XXI,
etc... XL, XLIX, XC, XCIX, CD,
CDXL, CM, MDCCCXLV, MDCCCLXIV.

* La même lettre ne se met pas quatre fois de
suite. Un chiffre de moindre valeur qu'un autre
placé à sa gauche le diminue d'autant, 4 IV,
9 IX et non IIII, etc.

PRINCIPES

POUR LA LECTURE DU LATIN.

Pour la lecture du latin, on suit les mêmes règles que pour le français ; on peut dire que ce qui suit n'en est que des exceptions. Dans cette lecture toutes les lettres se prononcent, soit au commencement, soit au milieu, soit à la fin des mots ; il n'y a point de syllabes muettes, et les consonnes finales se prononcent comme si elles étaient suivies de l'*e* muet du français que l'on fait très-peu sentir. Dans la psalmodie, on ne considère comme syllabe brève que celle qui, étant brève de sa nature, se trouve l'avant-dernière dans un mot de plus de deux syllabes, toutes les autres sont longues. Quand l'avant-dernière syllabe des mots qui en contiennent plus de deux est longue, elle est toujours marquée de l'accent aigu. *Généràtio rectòrum benedicétur.* Dans les livres de chant et autres

livres l turgiques, les syllabes sur les-
quellesion doit s'arrêter, sont marquées
d'un accent, à moins qu'elles ne soient
si évidemment longues qu'on ne puisse
s'y méprendre.

e se prononce *é :*	PRONONCEZ :
Deo, habeo, ea, secula, Deus, video,	Déo, habéo, éa, sécula, Déusse, vidéo.
e se prononce *è :*	
Lumen , decies , decem , habet, lex , et.	lumène, déciesse , décème , habète , lexe, ète.
um se prononce *ome :*	
Deum, optimum, puerum , manum.	Déom, optimome, puérome , manome.
um se prononce *on :*	
Umbra, umbella, triumphi, rumpo.	ombra, ombella , triomphi, rompo.

*un se prononce *on :*

	PRONONCEZ.
Abundantia, voluntas, oriuntur, unda.	abondancia, volontass, orionture, onda.

œ œ se prononce é :

| Lætitia, cœli, cœnosus, dominicæ. | léticia, céli, cénozusse, dominicé. |

em en se pron. ein :

| Diligens, viventi, mendax, templi, | diligeinse, viveinti, meindaxe, teimpli. |

ch se prononce k :

| Brachium, chirographum, chorus. | brakiome, kirographome, korusse. |

in-n se prononce ine:

| Innatus, innumerus, innocens, in. | innatusse, innumérusse, innoceinse, ine. |

im-m se pron. ime :

| Imminens, immunitas, olim. | immineinse, immunitasse, olime. |

* UN conserve la prononciation française dans : NUNC, TUNC, HUNC, CUNCTI et dans leurs composés.

in se prononce *ein* :

PRONONCEZ :

Ingens, infans, incidens, inter.

ingeinse, infanse, incideinse, intère.

im se prononce *ain* :

Impius, imperator, imbuerunt.

impiusse, impératore, imbuéronte.

gn se prononce *g-n* :

Agnus, dignus, magnum, igne.

ag-nusse, dig-nusse, mag-nome, ig-né.

ill se prononce *il-l* :

Pupillus, pusilli, villæ, mille.

pupil-lusse, puzilli, vil-lé, mi-lé.

qua se pron. *koua* :

Aqua, qualitas, quando, quam.

akoua, koualitasse, kouando, kouame.

gua se pron. *goua* :

Lingua, linguam, pinguarius.

lingoua, lingouame, pinguariusse.

qui se pron. *kui ;*
quæ se pron. *kué :*

PRONONCEZ :

Quis ; quæ, a-
quæ, loqui, quem.

kuisse, kué, akué,
lokui, kuème.

gui se pron. *gu-i ;*
guæ se pron. *gu-é.*

Exiguis, contiguæ,
ambiguo, arguam.

exigu-isse, conti--
gu-é, ambigu-o, ar-
gu-am.

in-guo se pron. *ango ;*
anguo se pron.
ango :

Linguosus, distin-
guo, restinguo, lan-
guor.

lingozusse, distin-
go, restingo, langore.

nguæ se pron. *ngué :*

Linguæ, langui,
sanguis, stinguis.

lingué, langui,
sanguisse, stinguisse.

Ti suivi d'une voyelle se prononce
toujours *ci*, à moins qu'il ne soit précédé
de *s* ou de *x*.

L'accent grave placé sur quelques
voyelles finales n'influe en rien sur
leur prononciation, il ne fait qu'indi-
quer certaines parties du discours.

L'accent aigu qui se trouve dans le
corps du mot, dans les livres d'église,
indique seulement les syllabes longues.

Dans certaines contrées on prononce
qui, *qué*, presque comme s'il y avait
stchui, stchué, mais c'est à tort.

Au et *eu* au commencement et dans le
corps des mots conservent leur prononc-
ciation française : Laus, laudare, audio,
baubaris, fautor, causa, instauro, com-
plaudo, euge, eurus, eucharistia, ceu,
heu, neutro ; mais prout, quousque,
Deus, diei, boum, introït, Naïades, se
prononcent pro-ute, ko-usse-qué, Déus-
se, di-é-i, bo-ome, intro-ite, Na-i-adesse.

EXCEPTIONS : Circumago, circumeo,
circumeundus, sese, quemadmodum,
etenim, propterea se prononcent cir,
come-ago, circome-éo, circome-éon-
dusse, sé-cé, quème-admodum, été-
nime, proptèréa.

APPLICATION.

Lege, hodiè, benè, amare, bonæ, frater, monet, lumen, vocem, domum, vestrum, summum, assumptum, cumprimum, lumborum, sunt, fundunt, legunt, punctum, pœnæ, rosæ, palumbæ, beatæ, machæra, pulcher, chilus, tempus, frequens, tendent, emblema, innexus, in eo, pinnifer, hinnus, hymnus, hæresin, immensi, immola, Seraphim, interim, insero, impar, impingo, vinco, induit, lignum, magnum, pugna, bénigno, illi, hilla, illex, imbecillis, vespillo, qualibet, quamvis, antiquaria, impingua, exstinguam, linguace, quærens, eques, inquit, æquitas, contiguæ, ambiguus, contiguis, stinguo, cunctarum, extunc, cunctor, cunctationis, nunc, bunt, languoris, exiguo, languebat, exigua...

D. COMMENT PRONONCE-T-ON

e dans le corps des mots? R. *é.*
e devant une consonne à la fin des mots? R. *è.*
um à la fin des mot ou devant une autre *m*? R. *ome.*
um devant *p, b*? R. *on,*

D. COMMENT PRONONCE-T-ON

un ? R. *on.*

œ, œ ? R. *é.*

em, en dans le corps des mots ? R. *ein.*

em devant *n ?* R. *ème.*

ch ? R. *k.*

n monosyllabe ou devant un autre *n* ou à la fin des mots ? R. *ine.*

im devant un autre *m* ou à la fin des mots ? R. *ime.*

in suivi d'une consonne autre que *n ?* R. *ein.*

im suivi d'une consonne autre que *m ?* R. *ein.*

gn ? R. *gue n.*

ill ? R. *il-le.*

qua ? R. *koua.*

gua précédé de *in* ou de *an ?* R. *goua,* et quand il n'est pas précédé de *in ?* R. *gu-a.*

qui quœ ? R. *kui qué.*

ngui, nguœ ? R. *gui, gué.* *

gui, guœ, gua, guo quand ils ne sont pas précédés de *n ?* R. *gu-i, gu-é, gu-a, gu-o.*

anguo, inguo ? R. *ango, ingo.*

D. Dans quels mots *un* conserve-t-il sa prononciation française ? R. Dans *hunc, tunc, nunc, cuncti,* et dans tous leurs composés.

* Ce *gui* se prononce comme celui d'*aiguiser.*

4**

PRIÈRES.

—

Oraison Dominicale.

Notre Père, qui êtes aux cieux, que votre nom soit sanctifié : que votre règne arrive, que votre volonté soit faite sur la terre comme au ciel : donnez-nous aujourd'hui notre pain quotidien., et pardonnez-nous nos offenses comme nous pardonnons à ceux qui nous ont offensés; et ne nous laissez point succomber à la tentation; mais délivrez-nous du mal. Ainsi soit-il.

Salutation Angélique.

Je vous salue, Marie, pleine de grâce ; le Seigneur est avec vous. Vous êtes bénie entre toutes les femmes, et Jésus, le fruit de vos entrailles, est bénie.

Sainte Marie, Mère de Dieu, priez pour nous, pauvres pécheurs, maintenant et à l'heure de notre mort.

Ainsi soit-il.

Symbole des Apôtres.

Je crois en Dieu, le Père tout-puissant, Créateur du ciel et de la terre; et en Jésus-Christ, son Fils unique, Notre-Seigneur, qui a été conçu du Saint-Esprit, est né de la Vierge Marie; a souffert sous Ponce-Pilate, a été crucifié, est mort, a été enseveli, est descendu aux enfers, et le troisième jour est ressuscité des morts; est monté aux cieux, est assis à la droite de Dieu le Père tout-puissant d'où il viendra juger les vivants et les morts.

Je crois au Saint-Esprit, la sainte Église catholique, la communion des Saints, la rémission des péchés, la résurrection de la chair, la vie éternelle.

Ainsi soit-il.

Confession des péchés.

Je me confesse à Dieu tout-puissant, à la bienheureuse Marie, toujours Vierge, à saint Michel Archange ; à saint Jean-Baptiste, aux saints Apôtres Pierre et Paul, tous les Saints, et à vous mon Père, de tous les péchés que j'ai commis en pensées, paroles et œuvres, par ma faute par ma faute, par ma très-grande faute,

C'est pourquoi je prie la bienheureuse Marie, toujours Vierge, saint Michel Archange, saint Jean-Baptiste, les saints Apôtres Pierre et Paul, tous les Saints, et vous, mon Père, de prier pour moi le Seigneur notre Dieu.

Que le Dieu tout-puissant nous fasse miséricorde, qu'il nous pardonne nos péchés et nous conduise à la vie éternelle.

Que le Dieu tout-puissant et miséricordieux, nous donne indulgence, absolution et rémission de tous nos péchés.

Ainsi soit-il.

Les Commandements de Dieu.

1. Un seul Dieu tu adoreras,
   Et aimeras parfaitement.

2. Dieu en vain tu ne jureras,
   Ni autre chose pareillement.

3. Les dimanches tu garderas,
   En servant Dieu dévotement.

4. Père et mère honoreras,
   Afin de vivre longuement.

5. Homicide point ne seras,
   De fait ni volontairement.

6. Luxurieux point ne seras,
   De corps ni de consentement.

7. Le bien d'autrui tu ne prendras,
   Ni retiendras à ton escient.

8. Faux témoignage ne diras,
   Ni mentiras aucunement.

9. L'œuvre de chair ne désireras,
   Qu'en mariage seulement.

10. Biens d'autrui ne convoiteras,
    Pour les avoir injustement.

4***

Les Commandements de l'Église.

1. Les fêtes tu sanctifieras,
   Qui te sont de commandement.

2. Les Dimanches Messe ouïras
   Et les Fêtes pareillement.

3. Tous tes péchés confesseras,
   A tout le moins une fois l'an.

4. Ton Créateur tu recevras,
   Au moins à Pâques humblement.

5. Quatre-temps, Vigiles jeuneras,
   Et le carême entièrement.

6. Vendredi chair ne mangeras,
   Ni le samedi mêmement.

Acte de Foi.

Mon Dieu, je crois fermement tout ce que vous avez révélé à votre Eglise, parce que c'est vous qui l'avez dit, et que vous ne pouvez vous tromper.

Acte d'Espérance.

Mon Dieu, j'espère avec confiance de votre bonté infinie, par les mérites de notre Sauveur Jésus-Christ, votre cher Fils, le secours de votre grâce en ce monde, et la vie éternelle en l'autre.

Acte de Charité.

Mon Dieu, je vous aime de tout mon cœur, par-dessus toutes choses, parce que vous êtes infiniment bon, infiniment aimable : j'aime aussi mon prochain comme moi-même pour l'amour de vous.

Acte de Contrition.

Mon Dieu, je me repens de tout mon cœur de vous avoir offensé, parce que vous êtes infiniment bon, infiniment aimable, et que le péché vous déplaît ; je fais un ferme propos, moyennant votre sainte grâce, de ne vous offenser jamais, et de me corriger au plus tôt.

Acte d'Adoration.

Mon Dieu, je vous adore et vous reconnais pour le seul Dieu, pour le Créateur et le souverain Seigneur de toutes choses.

Acte d'offrande avant chaque action, recommandée aux personnes qui aiment la très-sainte Vierge.

Mon Dieu, je vous offre cette action en union avec celle de J.-C. et par le très-saint et immaculé Cœur de Marie, pour votre amour, votre plus grande gloire et celle de Marie ; donnez-moi, s'il vous plaît, votre sainte bénédiction.

Prière à l'Ange Gardien, qu'on doit faire matin et soir.

Ange de Dieu, fidèle gardien et aux soins duquel j'ai été confié par la bonté suprême, daignez, durant ce jour (*le malin*), ou cette nuit (*le soir*), m'éclairer, me garder, me conduire et me gouverner. (Cent jours d'indulgence. Extrait du Traité de Mgr BOUVIER.)

Prières pour réparer les outrages faits à Dieu par les blasphémateurs.

Que Dieu soit béni! que son saint nom soit béni! que J.-C., vrai Dieu et vrai Homme soit béni! que le nom de Jésus soit béni! que J.-C. soit béni au très-saint Sacrement de l'Autel! que Marie, la très-sainte Mère de Dieu soit bénie! que le Nom de Marie, Vierge et Mère soit béni! que Dieu soit béni dans ses Anges et dans ses Saints. (Un an d'indulgence chaque fois. Extrait du Traité de Mgr BOUVIER.)

Il y a quelque chose en nous qu'on ne peut ni voir ni toucher, et qui règle tous les mouvements du corps; ce quelque chose s'appelle âme; ses facultés sont : la mémoire, l'entendement et la volonté.

L'homme et la plupart des animaux ont cinq sens : la vue, l'ouïe, l'odorat, le goût et le toucher.

Prière de saint Bernard à la sainte Vierge.

Souvenez-vous, ô très-pieuse Vierge Marie ! qu'on n'a jamais ouï dire qu'aucun de ceux qui ont eu recours à votre protection, imploré votre secours et demandé vos suffrages, ait été abandonné : animé d'une pareille confiance, ô Vierge ! mère des Vierges ! je cours et viens à vous, et gémissant sous le poids de mes péchés, je me prosterne à vos pieds.

O Mère du Verbe ! ne méprisez pas mes prières, mais écoutez-les favorament, et daignez les exaucer.

Ainsi soit-il.

Prière à la sainte Vierge pour conserver la sainte vertu de pureté.

Par votre très-sainte virginité et votre immaculée Conception, ô Vierge très-pure ! obtenez-moi que mon corps et mon âme soient purifiés. Au nom du Père, et du Fils, et du Saint-Esprit.

Ainsi soit-il.

POITIERS. — TYPOGRAPHIE DE HENRI OUDIN.